JUEGOS DE INTELIGENCIA

Rosario Castellanos

JUEGOS DE INTELIGENCIA

[Antología poética 1948-1972]

Selección y prólogo de

Amalia Bautista

RENACIMIENTO
SEVILLA • MMXI

Diseño de cubierta: Marie-Christine del Castillo

Esta edición consta de 800 ejemplares

Depósito Legal: S. 727-2011
ISBN: 978-84-8472-637-1
Impreso en España
Printed in Spain

PRÓLOGO

Rosario Castellanos nació en la Ciudad de México el 25 de mayo de 1925, pero pasó su infancia y primera adolescencia en Comitán, Chiapas, donde su familia era propietaria de tierras y almas, y donde cobró conciencia de conceptos como desigualdad, injusticia, abuso o sumisión. Y quizá también donde, de forma natural, se hermanó con la tristeza y la rabia que la acompañarían para siempre.

Regresa a la capital para realizar sus estudios y en 1950 se gradúa como maestra en Filosofía por la Universidad Nacional Autónoma de México (UNAM). Posteriormente completó su formación estudiando estética y estilística en la Universidad de Madrid, con su amiga Dolores Castro y bajo la tutela de Dámaso Alonso.

A su vuelta a México fue promotora del Instituto Chiapaneco de la Cultura y del Instituto Nacional Indigenista y di-

rigió el Teatro Guiñol Tzeltal-Tzotzil; redactó libros de texto y fue jefa de Información y Prensa de la UNAM; impartió en esta misma universidad clases de literatura comparada, novela contemporánea y crítica, y fue asimismo profesora invitada en las universidades estadounidenses de Wisconsin y Bloomington y en la Universidad Hebrea de Jerusalén.

Fue precisamente en Israel donde Rosario Castellanos encontró la muerte (o más bien la muerte la encontró a ella) el 7 de agosto de 1974, cuando aún no había cumplido 50 años y ejercía como embajadora de México en aquel país. Murió por un desgraciado y estúpido accidente doméstico, electrocutada por una lámpara que fue a encender recién salida del baño con las manos mojadas.

Su fallecimiento causó una verdadera conmoción entre los intelectuales mexicanos, y sus restos, después de recibir un homenaje en el Palacio de Bellas Artes, fueron sepultados en la Rotonda de las Personas Ilustres de la Ciudad de México.

Además de sus facetas como académica y promotora cultural, en la literaria Rosario Castellanos cultivó todos los géneros, poesía, cuento, novela, teatro, ensayo y textos periodísticos, epistolares y críticos. Perteneció al grupo que integraban, entre otros, Jaime Sabines, Augusto Monterroso o Ernesto Cardenal y es querida, admirada y reconocida en México y en toda Latinoamérica como una de las voces fundamentales de la literatura en español y del pensamiento crítico del siglo XX. Sin embargo, sigue siendo muy desconocida en España, por lo que confío en que esta antología de su poesía ayude a remediar en lo posible esta carencia.

Su trayectoria poética comienza en 1948 con la publicación de dos títulos, *Trayectoria del polvo* y *Apuntes para una declaración de fe*, que ya contienen el germen de lo que sería su expresión en la época de madurez, un discurso claro, rotundo, asombrado y más adelantado que moderno. Con sus siguientes libros, hasta la recopilación de su poesía que publicó el Fondo de Cultura Económica en 1972 con el título *Poesía no eres tú*, Rosario Castellanos va desplegando las heridas de su biografía (lo vivido, lo visto, lo sentido), con una frescura y hasta una irreverencia que no siempre casaban con su época y su sexo.

Rosario Castellanos tuvo, desde su infancia, una conciencia clara de lo que significaba ser blanca frente a los indios y mujer frente a los hombres. Y no fueron revelaciones, fue lo que sencillamente respiró y lo que la puso en el lugar de decidir, tomar partido, alzar la voz y compartirla con quienes no tenían ese derecho.

Hija de terratenientes, hacendada con esclavos, Rosario contó desde su nacimiento con una nana, Rufina, y una cargadora, María Escandón, una niña de su edad y de su propiedad. Ambas indias constituyeron el primer contacto humano de la autora y quizá observándolas se dio cuenta de que las cosas no podían ni debían ser como eran, como estaban establecidas y como se esperaba que ella misma aceptara y perpetuara junto a la memoria de sus mayores. Por esa razón, cuando murieron sus padres y ella heredó bienes raíces, decidió entregarlos, o devolverlos, a los indígenas de Chiapas.

En esa misma etapa de su infancia, Rosario Castellanos es testigo (y víctima) de un suceso que la marcará para toda la vida. Ella misma lo cuenta: «Mi mamá se dedicó a hacer jueguitos de espiritismo con una amiga suya. En uno de esos juegos la amiga tuvo una revelación que recuerdo muy vivamente, a pesar de mis ocho años, porque fue para mí determinante. Estábamos descansando en el comedor, mi hermano de siete años, mi mamá y yo cuando entró despavorida esta amiga, con el pelo blanco todo parado y sin peinar, como una especie de medusa, y le dijo a mi mamá que acababa de aparecérsele un espíritu que le avisó que uno de sus dos hijos iba a morir. Entonces mi mamá se levantó como resorte y grito: "Pero no el varón, ¿verdad?"».

Efectivamente, su hermano Benjamín murió poco después a consecuencia de una apendicitis con complicaciones y Rosario sintió siempre sobre sí esa culpa, la de estar viva. Decepcionó a sus padres y, al mismo tiempo, este episodio terrible empezó a revelar ante sus ojos (o acabó de hacerlo) el escaso valor de ser mujer. En su novela Balún Canán *(1957), quizá su obra más leída, toma estas y otras referencias autobiográficas para componer un cuadro estremecedor de sus primeros años de vida al contar la historia de una familia adinerada, propietaria de tierras chiapanecas, que mantiene las actitudes esperables, tanto respecto a los indios como a las mujeres.*

Más tarde comprobaría que esa apreciación del sexo femenino se multiplicaba en la esfera intelectual, aunque debiera creerse lo contrario, y que si una intentaba dedicarse a la literatura, la filosofía, la pintura o cualquier otra manifestación digna de espíritus elevados, siempre iba a ser mirada desde arriba por sus congéneres varones, con una mezcla de conmiseración, permisividad y censura. Porque ese no es, mejor digamos que no era, el lugar de la mujer ni el campo donde debía buscar una realización personal que se encontraba fundamentalmente, o de manera exclusiva, en la maternidad. De hecho, la autora se doctoró en 1950 con una tesis titulada Sobre cultura femenina *en la que evidencia la existencia de un mundo enteramente masculino, el de la cultura, y su injusto hermetismo ante los intentos de las mujeres de acceder a él.*

En 1973 publica el ensayo Mujer que sabe latín…, *tomando la primera parte del refrán que termina…* ni encuentra marido ni tiene buen fin. *En él afirma: «Con una fuerza a la que no doblega ninguna coerción; con una terquedad a la que no convence ningún alegato; con una persistencia que no disminuye ante ningún fracaso, la mujer rompe los modelos que la sociedad le propone y le impone para alcanzar su imagen auténtica y consumarse –y consumirse– en ella».*

Rosario Castellanos no quiso renunciar a nada, aunque nada lo tuvo fácil. Se enamoró del filósofo Ricardo Guerra, que no la correspondió como ella habría deseado y merecido. Se casaron en 1958 y ella se sintió de nuevo culpable, esta vez de las continuas infidelidades de su marido, por poco atractiva, por celosa o por lo que fuera. Esta mala vida y este desamor la llevaron a múltiples depresiones, tratamientos psiquiátricos y algún intento de suicidio. Sin embargo, hasta finales de los años 60 no toma la determinación de separarse y pedir el divorcio.

Todavía nos parece incomprensible que una mujer con una inteligencia brillante, una vasta cultura, prestigio social y profesional e independencia económica soportara durante años una relación, no ya insatisfactoria, sino abiertamente torturante. Más incomprensible aún teniendo en cuenta que Rosario Castellanos es considerada una de las pioneras del pensamiento feminista latinoamericano. Lamentablemente, su caso no es único ni excepcional en este sentido, pero eso no hace que se entienda con naturalidad. De ese amor desgraciado ella sacó un hijo, algunos de sus mejores poemas y toneladas de tristeza y culpa.

Además de todas las señales vitales referentes a esta relación que se cuelan en su poesía, Rosario Castellanos quiso publicar, aunque especificó que apareciera después de su muerte, su correspondencia. Cartas a Ricardo *recoge 77 cartas enviadas por la autora a su novio, en 1950-1951, y posteriormente a su marido, en 1966-1967. En ellas se desvela la mujer que fue, compleja, lúcida, solitaria, curiosa, crítica y aún más autocrítica, y las dificultades de una relación que, por falta absoluta de reciprocidad, se convirtió en un dolor desgarrado y permanente.*

En un artículo que escribió un año antes de su muerte, Rosario hace un recuento de su vida y dice, entre otras co-

sas: «Luego contraje un matrimonio que era estrictamente monoándrico por mi parte y totalmente poligámico por la parte contraria. Tuve tres hijos de los cuales murieron los dos primeros. Recibí el acta de mi divorcio (cuyos trámites se habían iniciado con la debida anticipación) ya en mi casa de Tel Aviv».

Quizá sorprenda la falta de pudor de Rosario Castellanos para hacer público lo privado, para lanzarse a la autobiografía desde cualquier género literario. En el fondo y sin esfuerzo, ella sabía que estaba hablando de una biografía universal, de experiencias y sentimientos fácilmente reconocibles, de una trayectoria vital y de una fortaleza de pensamiento que muchos (y sobre todo muchas) compartían o habrían deseado compartir.

Destacan en su poesía estos rasgos fundamentales, el desgarro, el impudor, la amargura, la soledad y la aceptación de la derrota, de las múltiples y pequeñas derrotas de cada día y de las grandes y definitivas derrotas del alma. Pero también la ironía, el humor negrísimo, la osadía, el descaro, la burla y la capacidad de reírse abiertamente de todo y de todos, empezando por ella misma, están presentes en sus poemas. Donde algunos han querido ver un patetismo afectado, y con mala intención muy femenino, lo que hay en realidad es un sarcasmo y una agudeza que sólo podían venir de una inteligencia como la suya.

Descubrir la poesía de Rosario Castellanos fue para mí un deslumbramiento del que todavía, afortunadamente, no he salido. No es solamente su maestría con las formas, o el uso claro y directo, y a veces juguetón, del idioma; tampoco es sólo su capacidad de sugerencia, su plasticidad, su lucidez o sus juicios; ni su versatilidad para ir del más profundo lirismo a la más áspera crítica social, de la entrega amorosa a la denuncia, del susurro al grito; ni siquiera lo fácil que resulta la empatía con ella. Es todo junto y es también algo que está por encima de todo ello. Es alta poesía.

El criterio que me ha guiado en esta antología ha sido únicamente el de mi gusto; la emoción, la admiración y el disfrute han hecho la selección. Contiene poemas de todos los libros de la autora y sigue un orden cronológico. Son los poemas que yo he elegido para que me acompañen en el camino, literario y vital, y ojalá algún lector quiera incorporarlos al suyo.

AMALIA BAUTISTA
Madrid, febrero de 2011

APUNTES PARA UNA DECLARACIÓN DE FE (1948)

APUNTES PARA UNA DECLARACIÓN DE FE

EL mundo gime estéril como un hongo.
Es la hoja caduca y sin viento en otoño,
la uva pisoteada en el lagar del tiempo
pródiga en zumos agrios y letales.
Es esta rueda isócrona fija entre cuatro cirios,
esta nube exprimida y paralítica
y esta sangre blancuzca en un tubo de ensayo.

La soledad trazó su paisaje de escombros.
La desnudez hostil es su cifra ante el hombre.

Sin embargo, recuerdo…

En un día de amor yo bajé hasta la tierra:
vibraba como un pájaro crucificado en vuelo

y olía a hierba húmeda, a cabellera suelta,
a cuerpo traspasado de sol al mediodía.
Era como un durazno o como una mejilla
y encerraba la dicha
como los labios encierran un beso.

Ese día de amor yo fui como la tierra:
sus jugos me sitiaban tumultuosos y dulces
y la raíz bebía con mis poros el aire
y un rumor galopaba desde siempre
para encontrar los cauces de mi oreja.
Al través de mi piel corrían las edades:
se hacía la luz, se desgarraba el cielo
y se extasiaba –eterno– frente al mar.
El mundo era la forma perpetua del asombro
renovada en el ir y venir de la ola,
consustancial al giro de la espuma
y el silencio, una simple condición de las cosas.
Pero alguien (ya no acierto
con la estructura inmensa de su nombre)
dijo entonces: «No es bueno
que la belleza esté desamparada»
y electrizó una célula.

En el principio –dice
esta etapa geológica que toco–
era sólo la danza:
cintura de la gracia que congrega
juventudes y música en su torno.
En el principio era el movimiento.

Cada especie quería constatarse, saberse,
y ensayaba las notas de su esencia:
la jirafa alargaba la garganta
para abrevar en nubes de limón.
Punzaba el aire en las avispas múltiples
y vertía chorritos de miel en cada herida
para que el equilibrio permaneciera invicto.

El ciervo competía con la brisa
y el hombre daba vueltas alrededor de un árbol
trenzado de manzanas y serpientes.

Nadie lo confesaba, pero todos
estaban orgullosos de ser como juguetes
en las manos de un niño.

Redondeaban su sombra los planetas
y rebotaban locos de alegría
en las altas paredes del espacio
teñidas de antemano en un risueño azul.

No me explico por qué
fue indispensable que alguien inventara el reloj
y desde entonces todo se atrasa o se adelanta,
la vida se fracciona en horas y en minutos
o se quiebra o se para.

La manzana cayó; pero no sobre un Newton
de fácil digestión,
sino sobre el atónito apetito de Adán.
(Se atragantó con ella como era natural).

¡Qué implacable fue Dios –ojo que atisba
a través de una hoja de parra ineficaz–!
¡Cómo bajó el arcángel relumbrando
con una decidida espada de latón!

Tal vez no debería yo hablar de la serpiente
pero desde esa vez es un escalofrío
en la columna vertebral del universo.

Tal vez yo no debiera descubrirlo
pero fue el primer círculo vicioso
mordiéndose la cola.
Porque esto, en realidad, sólo tendría importancia
si ella lo supiera.
Pero lo ignora todo reptando por el suelo,
dormitando en la siesta.

Ah, si se levantara
sin el auxilio de fakires indios
a contemplar su obra.
Aquí estaríamos todos:
la horda devastando la pradera,
dejando siempre a un lado el horizonte,
tratando de tachar la mañana remota,
de arrasar con la sal de nuestras lágrimas
el campo en que se alzaba el Paraíso.
Gritamos ¡adelante! por no mirar atrás.
El camino se queda señalado
–estatua tras estatua– por la mujer de Lot.
Queremos olvidar la leche que sorbimos
en las ubres de Dios.
Dios nos amamantaba en figura de loba

como a Rómulo y Remo, abandonados.
Abandonados siempre. ¿De qué? ¿De quién? ¿De dónde?
No importa. Nada más abandonados.
Cantamos porque sí, porque tenemos miedo,
un miedo atroz, bestial, insobornable,
y nos emborrachamos de palabras
o de risa o de angustia.

¡Qué cuidadosamente nos mentimos!
¡Qué cotidianamente planchamos nuestras máscaras
para hormiguear un rato bajo el sol!

No, yo no quiero hablar de nuestras noches
cuando nos retorcemos como papel al fuego.
Los espejos se inundan y rebasan de espanto
mirando estupefactos nuestros rostros.
Entonces queda limpio el esqueleto.
Nuestro cráneo reluce igual que una moneda
y nuestros ojos se hunden interminablemente.
Una caricia galvaniza los cadáveres:
sube y baja los dedos de sonido metálico
contando y recontando las costillas.
Encuentra siempre con que falta una
y vuelve a comenzar y a comenzar.

Engaño en este ciego desnudarse,
terror del ataúd escondido en el lecho,
del sudario extendido
y la marmórea lápida cayendo sobre el pecho.
¡No poder escapar del sueño que hace muecas
obscenas columpiándose en las lámparas!
Es así como nacen nuestros hijos.
Parimos con dolor y con vergüenza,
cortamos el cordón umbilical aprisa
como quien se desprende de un fardo o de un castigo.

Es así como amamos y gozamos
y aun de este festín de gusanos hacemos
novelas pornográficas
o películas sólo para adultos.
Y nos regocijamos de estar en el secreto,
de guiñarnos los ojos a espaldas de la muerte.

La serpiente debía tener manos
para frotarlas, una contra otra,
como un burgués rechoncho y satisfecho.
Tal vez para lavárselas lo mismo que Pilatos
o bien para aplaudir o simplemente

para tener bastón y puro
y sombrero de paja como un dandy.
La serpiente debía tener manos
para decirle: estamos en tus manos.
Porque si un día cansados de este morir a plazos
queremos suicidarnos abriéndonos las venas
como cualquier romano,
nos sorprende saber que no tenemos sangre
ni tinta enrojecida;
que nos circula un aire tan gratis como el agua.
Nos sorprende palpar un corazón en huelga
y unos sesos sin tapa saltarina
y un estómago inmune a los venenos.
El suicidio también pasó de moda
y no conviene dar un paso en falso
cuando mejor podemos deslizarnos.
¡Qué gracia de patines sobre el hielo!
¡Qué tobogán más fino! ¡Qué pista lubricada!
¡Qué maquinaria exacta y aceitada!

Así nos deslizamos pulcramente
en los tés de las cinco –no en punto– de la tarde,
en el coctel o el pic-nic o en cualquiera

costumbre traducida del inglés.
Padecemos alergia por las rosas,
por los claros de luna, por los valses
y las declaraciones amorosas por carta.
A nadie se le ocurre morir tuberculoso
ni escalar los balcones ni suspirar en vano.
Ya no somos románticos.
Es la generación moderna y problemática
que toma coca-cola y que habla por teléfono
y que escribe poemas en el dorso de un cheque.
Somos la raza estrangulada por la inteligencia,
«la insuperable,
mundialmente famosa trapecista
que ejecuta sin mácula
triple salto mortal en el vacío».
(La inteligencia es una prostituta
que se vende por un poco de brillo
y que no sabe ya ruborizarse).

Puede ser que algún día
invitemos a un habitante de Marte
para un fin de semana en nuestra casa.
Visitaría en Europa lo típico:

alguna ruina humeante
o algún pueblo afilando las garras y los dientes.
Alguna catedral mal ventilada,
invadida de moho y oro inútil
y en el fondo un cartel: «Negocio en quiebra».
Fotografiaría como experto turista
los vientres abultados de los niños enfermos,
las mujeres violadas en la guerra,
los viejos arrastrando en una carretilla
un ropero sin lunas y una cuna maltrecha.
Al Papa bendiciendo un cañón y un soldado,
a las familias reales sordomudas e idiotas,
al hombre que trabaja rebosante de odio
y al que vende el honor de sus abuelos
a la heredera del millón de dólares.

Y luego le diríamos:
«Esto es sólo la Europa de pandereta.
Detrás está la verdadera Europa:
la rica en frigoríficos –almacenes de estatuas
donde la luz de un cuadro se congela,
donde el verbo no puede hacerse carne–.
Allí la vida yace entre algodones

y mira tristemente tras el cristal opaco
que la protege de corrientes de aire.
En estas vastas galerías de muertos,
de fantasmas reumáticos y polvo,
nos hinchamos de orgullo y de soberbia».

Los rascacielos ya los ha visto de lejos:
los colmenares rubios donde los hombres nacen,
trabajan, se enriquecen y se pudren
sin preguntarse nunca para qué todo esto,
sin indagar jamás cómo se viste el lirio
y sin arrepentirse de su contento estúpido.

Abandonemos ya tanto cansancio.
Dejemos que los muertos entierren a sus muertos
y busquemos la aurora
apasionadamente atentos a su signo.

Porque hay aún un continente verde
que imanta nuestras brújulas.
Un ancho acabamiento de pirámides
en cuyas cumbres bailan doncellas vegetales
con ritmos milenarios y recientes

de quien lleva en los pies la savia y el misterio.
Un cielo que las flechas desconocen
custodiado de mitos y piedras fulgurantes.
Hay enmarañamientos de raíces
y contorsión de troncos y confusión de ramas.
Hay elásticos pasos de jaguares
proyectados –silencio y terciopelo–
hacia el vuelo inasible de la garza.
Aquí parece que empezara el tiempo
en sólo un remolino de animales y nubes,
de gigantescas hojas y relámpagos,
de bilingües entrañas desangradas.

Corren ríos de sangre sobre la tierra ávida,
corren vivificando las más altas orquídeas,
las más esclarecidas amapolas.
Se evaporan, rugientes, en los templos
ante la impenetrable pupila de obsidiana.
Brotan como una fuente repentina
al chasquido de un látigo.
Crecen en el abrazo enorme y doloroso
del cántaro de barro con el licor latino.

Río de sangre eterno y derramado
que deposita limos fecundos en la tierra.
Su caudal se nos pierde a veces en el mapa
y luego lo encontramos
–ocre y azul– rigiendo nuestro pulso.
Río de sangre, cinturón de fuego.
En las tierras que tiñe, en la selva multípara,
en el litoral bravo de mestiza
mellado de ciclones y tormentas,
en este continente que agoniza
bien podemos plantar una esperanza.

TRAYECTORIA DEL POLVO
(1948)

II

La adolescencia es alta como el junco.
Su perfil se adelgaza
para ser digno de tocar el aire.
Y es un ebrio cristal que intenta transparencias
y es un florecimiento inagotable
de límites geométricos
que dibujan las puntas trémulas de los dedos.

La adolescencia es tensa como el junco.
Su perfil se agudiza
para poder acuchillar el aire.
Es una vocación de búsqueda incesante
hacia la luz más íntima
que se le esquiva siempre como en un laberinto.
El ansia equivocada
que persigue tenaz al espejismo
y el oído engañado por el eco.

Es la dura tarea del que busca,
la dicha sobrehumana del encuentro.

La adolescencia es verde como el junco
y su perfil se tiñe
de todos los colores con que la invita el aire.
La gracia amaneciendo sobre el mundo,
el gozo sin motivo de carne que se palpa
olorosa y reciente.
La alegría de músculos elásticos,
la embriaguez de la sangre
galopando en canciones sobre el tiempo.

La adolescencia es plena de latencias ocultas
y raíz laboriosa como el junco.

VI

Aquí me quedaré llorando como el fruto
derribado a pedradas
de la copa del árbol y su sustento.

Ya nunca podré amar ni aun en el sueño
porque una voz insobornable grita
y su grito vacía mis entrañas:
«¡El amor es también polvo y ceniza!».

VIII

Padres:
ya no desparraméis blasfemias en la tierra.
No os dejéis embaucar por la embustera
que exalta vuestros vientres
para depositarles su semilla de espanto.

Cuando os llame fecundos, arrojadle
su mentira a la cara.

Si os consagra inmortales os escarnece.

Sabed que la esperanza nos traiciona
y que es la compañera de la muerte.
Sabed que ambas –muerte y esperanza–
crecen como el parásito
alimentado en nuestro propio cuerpo.

IX

Pero ¿no hemos de amarlas
cuando así las nutrimos con nuestra sangre?

Reverenciad su patrimonio único.

Contemplad cómo las madura el tiempo.

Alternativamente
una se ensancha y otra palidece.

DE LA VIGILIA ESTÉRIL
(1950)

ORIGEN

SOBRE el cadáver de una mujer estoy creciendo,
en sus huesos se enroscan mis raíces
y de su corazón desfigurado
emerge un tallo vertical y duro.
Del féretro de un niño no nacido:
de su vientre tronchado antes de la cosecha
me levanto tenaz, definitiva,
brutal como una lápida y en ocasiones triste
con la tristeza pétrea del ángel funerario
que oculta entre sus manos una cara sin lágrimas.

DISTANCIA DEL AMIGO

En una tierra antigua de olivos y cipreses
ha fechado mi amigo su más reciente carta.
Lo imagino escribiendo, sentado en una roca
a la orilla del mar, tirando piedrecitas
sobre el lomo verdusco de las olas.
(Si estuviera en un parque tiraría
migas a los gorriones;
si en un estanque, Ledas a los cisnes).
Lo imagino volviendo su rostro hacia el crepúsculo,
mordisqueando una brizna mientras piensa
que la vida es tan bella porque es corta.
(No es de los que invocan a la muerte.
Es de los que la hospedan, silenciosos,
en el sitio más hondo de su cuerpo).
Se levanta después y camina despacio,
con las manos metidas en las bolsas
de un traje viejo y ancho.

Puede hervir a su lado la multitud. Mi amigo
está solo. Entre hombres embriagados
de dicha, entre mujeres ojerosas de duelo
lleva su soledad como una espada
desnuda y eficaz, radiante de amenazas.
Llega a su cuarto. Lo abre. Nadie espera.
Hay un olor oscuro,
pesado, de ventana estrangulada.
Igual que cuatro cirios metálicos relucen
las cuatro extremidades agudas de la cama.
Se ha desplomado en ella y una punta lo hiere.
¡Cómo sangra empapando las sábanas, tiñéndolas,
cómo se queda lívido y exangüe
mientras bajo su frente se incendian las almohadas!
La fecha de esta carta que estrujo es muy remota
–de un tiempo en el que el tiempo no existía–
y la ciudad de que habla se reclina
más allá de los mapas.
Mi amigo, sin embargo, está cercano.
Podría yo tocarlo si pudiera
tocar mi corazón recóndito y sellado.

FÁBULA Y LABERINTO

La niña abrió una puerta y se perdió
en la Torre del Viento
y caminó con frío y tuvo sed
y lloraba de miedo.

Torre del Viento donde un grito crece
interminablemente sin encontrar el eco.

En esa Torre estaba la niña, en esa Torre
vieja como mi cuerpo, abandonada,
sola, en ruinas lo mismo que mi cuerpo.
En esa Torre búscala, persíguela,
rastrea la huella de su pie desnudo
y el olor de jazmín entre su pelo
y sus manos fluyendo como dos breves ríos
y sus ojos dispersos.
Todo está aquí guardado,

todo está oculto y preso.
Llámala, quiebra el muro con tu voz,
con tu sangre reavívala si ha muerto.

Pues yo barrí su sombra hasta borrarla
con una abyecta, triste lengua de perro hambriento
y fui insultando al día con mi luto
y arrastré mis sollozos por el suelo.

Mírame despeinada en un rincón
cómo arrullo un juguete ceniciento:
doy el pecho a un fantasma pequeñito
mientras la araña teje su tela de humo espeso.
Mírame, abrí una puerta y me perdí
en la Torre del Viento.

LA CASA VACÍA

Yo recuerdo una casa que he dejado.
Ahora está vacía.
Las cortinas se mecen con el viento,
golpean las maderas tercamente
contra los muros viejos.
En el jardín, donde la hierba empieza
a derramar su imperio,
en las salas de muebles enfundados,
en espejos desiertos
camina, se desliza la soledad calzada
de silencioso y blando terciopelo.

Aquí donde su pie marca la huella,
en este corredor profundo y apagado
crecía una muchacha, levantaba
su cuerpo de ciprés esbelto y triste.
(A su espalda crecían sus dos trenzas

igual que dos gemelos ángeles de la guarda.
Sus manos nunca hicieron otra cosa
más que cerrar ventanas).

Adolescencia gris con vocación de sombra,
con destino de muerte:
las escaleras duermen, se derrumba
la casa que no supo detenerte.

EL RESCATE DEL MUNDO
(1952)

A LA MUJER QUE VENDE FRUTAS EN LA PLAZA

AMANECE en las jícaras
y el aire que las toca se esparce como ebrio.
Tendrías que cantar para decir el nombre
de estas frutas, mejores que tus pechos.

Con reposo de hamaca
tu cintura camina
y llevas a sentarse entre las otras
una ignorante dignidad de isla.

Me quedaré a tu lado,
amiga,
hablando con la tierra
todo el día.

ESTROFAS EN LA PLAYA

I

El río viene de secretas grutas,
desconocidas fuentes.
A mirarlo pasar corren los árboles,
adiós le dicen los follajes verdes.

El río viene con su torso esbelto,
con su mano en que juega
un inminente espejo.
Con la pulpa fresquísima
de su pecho sombrío
y su espumoso belfo
de potro repentino.
Para que el cielo sepa qué caminos
llevan al mar, para que aprenda el campo
una nueva canción y el día tenga
dónde mojar los pies,
el río viene izando su largo nombre líquido.

Ay del que junto al río
no quiere llamarse sed.

II

Atardece en la playa. En el río madura
una profunda noche duplicada.
Sobre la arena late
–como una estrella viva y desgajada–
una hoguera que el viento apresura, clavándole
sus espuelas agudas y plateadas.
Yo, dividida, voy como entre dos orillas
entre el fuego y el agua;
mitad sangre mordida de taciturnos peces
y mitad sangre rota de fiera llamarada.

POEMAS: 1953-1955
(1957)

LOS AMIGOS

A la sombra del árbol,
como quien va tejiendo una guirnalda,
vamos entrelazando nuestros cantos.

Nos habíamos ido
y he aquí que volvemos a juntarnos.

El que vino del norte
trajo la roja flor violenta de los cactos.
El que llegó del este tiene el rostro encendido
lo mismo que el verano.
Y nosotros, tú y yo y los que están naciendo
y dejando en el sur la marca de su mano
somos igual que el viento que pasó por la selva,
fervientes y aromados.

LOS ADIOSES

QUISIMOS aprender la despedida
y rompimos la alianza
que juntaba al amigo con la amiga.
Y alzamos la distancia
entre las amistades divididas.

Para aprender a irnos, caminamos.
Fuimos dejando atrás las colinas, los valles,
los verdeantes prados.
Miramos su hermosura
pero no nos quedamos.

Llevamos nuestros pies
donde la soledad tiene su casa
y allí nos detuvimos para siempre.
En silencio aguardamos
hasta aprender la muerte.

LAMENTACIÓN DE DIDO

GUARDIANA de las tumbas; botín para mi hermano,
el de la corva garra de gavilán;
nave de airosas velas, nave graciosa, sacrificada al rayo
de las tempestades;
mujer que asienta por primera vez la planta del pie en
tierras desoladas
y es más tarde nodriza de naciones, nodriza que
amamanta con leche de sabiduría y consejo;
mujer siempre, y hasta el fin, que con el mismo pie
de la sagrada peregrinación
sube –arrastrando la oscura cauda de su memoria–
hasta la pira alzada del suicidio.

Tal es el relato de mis hechos. Dido mi nombre.
Destinos
como el mío se han pronunciado desde la Antigüedad
con palabras hermosas y nobilísimas.

Mi cifra se grabó en la corteza del árbol enorme de
las tradiciones.
Y cada primavera, cuando el árbol retoña,
es mi espíritu, no el viento sin historia, es mi espíritu
el que se estremece y el que hace cantar su follaje.

Y para renacer, año con año,
escojo entre los apóstrofes que me coronan, para que
resplandezca con un resplandor único,
éste, que me da cierto parentesco con las playas:
Dido, la abandonada, la que puso su corazón bajo
el hachazo de un adiós tremendo.

Yo era lo que fui: mujer de investidura
desproporcionada con la flaqueza de su ánimo.
Y, sentada a la sombra de un sol inmerecido,
temblé bajo la púrpura igual que el agua tiembla bajo
el légamo.
Y para obedecer mandatos cuya incomprensibilidad
me sobrepasa recorrí las baldosas de los pórticos
con la balanza de la justicia entre mis manos
y pesé las acciones y declaré mi consentimiento para
algunas –las más graves–.

Esto era el día. Durante la noche no la copa del festín,
    no la alegría de la serenata, no el sueño deleitoso.
Sino los ojos acechando en la oscuridad, la inteligencia
    batiendo la selva intrincada de los textos
para cobrar la presa que huye entre las páginas.
Y mis oídos, habituados a la ardua polémica de los
    mentores,
llegaron a ser hábiles para distinguir el robusto sonido
    del oro
del estrépito estéril con que entrechocan los guijarros.

De mi madre, que no desdeñó mis manos y que me las
    ungió desde el amanecer con la destreza,
heredé oficios varios; cardadora de lana, escogedora del
    fruto que ilustra la estación y su clima,
despabiladora de lámparas.
Así pues tomé la rienda de mis días: potros domados,
    conocedores del camino, reconocedores de la querencia.
Así pues ocupé mi sitio en la asamblea de los mayores.
Y a la hora de la partición comí apaciblemente el pan
    que habían amasado mis deudos.
Y con frecuencia sentí deshacerse entre mi boca el
    grano de sal de un acontecimiento dichoso.

Pero no dilapidé mi lealtad. La atesoraba para el tiempo
de las lamentaciones,
para cuando los cuervos aletean encima de los tejados y
mancillan la transparencia del cielo con su graznido
fúnebre;
para cuando la desgracia entra por la puerta principal
de las mansiones
y se la recibe con el mismo respeto que a una reina.

De este modo transcurrió mi mocedad: en el
cumplimiento de las menudas tareas domésticas;
en la celebración de los ritos cotidianos; en la
asistencia a los solemnes acontecimientos civiles.

Y yo dormía, reclinando mi cabeza sobre una almohada
de confianza.
Así la llanura, dilatándose, puede creer en la benevolencia
de su sino,
porque ignora que la extensión no es más que la pista
donde corre, como un atleta vencedor,
enrojecido por el heroísmo supremo de su esfuerzo,
la llama del incendio.

Y el incendio vino a mí, la predación, la ruina,
    el exterminio
¡y no he dicho el amor!, en figura de náufrago.

Esto que el mar rechaza, dije, es mío.
Y ante él me adorné de la misericordia como del
    brazalete de más precio.
Yo te conjuro, si oyes, a que respondas: ¿quién esquivó
    la adversidad alguna vez? ¿Y quién tuvo a desdoro
    llamarla huésped suya y preparar la sala del convite?
Quien lo hizo no es mi igual. Mi lenguaje se entronca
    con el de los inmoladores de sí mismos.

El cuchillo bajo el que se quebró mi cerviz era un hombre
    llamado Eneas.
Aquel Eneas, aquél, piadoso con los suyos solamente;
acogido a la fortaleza de muros extranjeros; astuto,
    con astucias de bestia perseguida;
invocador de númenes favorables; hermoso narrador
    de infortunios y hombre de paso; hombre con
    el corazón puesto en el futuro.
–La mujer es la que permanece; rama de sauce
    que llora en las orillas de los ríos–.

Y yo amé a aquel Eneas, a aquel hombre de promesa jurada ante otros dioses.

Lo amé con mi ceguera de raíz, con mi soterramiento de raíz, con mi lenta fidelidad de raíz.

No, no era la juventud. Era su mirada lo que así me cubría de florecimientos repentinos. Entonces yo fui capaz de poner la palma de mi mano, en signo de alianza, sobre la frente de la tierra. Y vi acercarse a mí, amistadas, las especies hostiles. Y vi también reducirse a número los astros. Y oí que el mundo tocaba su flauta de pastor.

Pero esto no era suficiente. Y yo cubrí mi rostro con la máscara nocturna del amante.

Ah, los que aman apuran tósigos mortales. Y el veneno enardeciendo su sangre, nublando sus ojos, trastornando su juicio, los conduce a cometer actos desatentados; a menospreciar aquello que tuvieron en más estima; a hacer escarnio de su túnica y a arrojar su fama como pasto para que hocen los cerdos.

Así, aconsejada de mis enemigos, di pábulo al deseo
y maquiné satisfacciones ilícitas y tejí un espeso
manto de hipocresía para cubrirlas.

Pero nada permanece oculto a la venganza. La
tempestad presidió nuestro ayuntamiento; la
reprobación fue el eco de nuestras decisiones.

Mirad, aquí y allá, esparcidos, los instrumentos de la
labor. Mirad el ceño del deber defraudado. Porque
la molicie nos había reblandecido los tuétanos.
Y convertida en antorcha yo no supe iluminar más que
el desastre.

Pero el hombre está sujeto durante un plazo menor a la
embriaguez.
Lúcido nuevamente, apenas salpicado por la sangre de
la víctima,
Eneas partió.

Nada detiene al viento. ¡Cómo iba a detenerlo la rama
de sauce que llora en las orillas de los ríos!

En vano, en vano fue correr, destrenzada y frenética, sobre las arenas humeantes de la playa.

Rasgué mi corazón y echó a volar una bandada de palomas negras. Y hasta el anochecer permanecí, incólume como un acantilado, bajo el brutal abalanzamiento de las olas.

He aquí que al volver ya no me reconozco. Llego a mi casa y la encuentro arrasada por las furias. Ando por los caminos sin más vestidura para cubrirme que el velo arrebatado a la vergüenza; sin otro cíngulo que el de la desesperación para apretar mis sienes. Y, monótona zumbadora, la demencia me persigue con su aguijón de tábano.

Mis amigos me miran al través de sus lágrimas; mis deudos vuelven el rostro hacia otra parte. Porque la desgracia es espectáculo que algunos no deben contemplar.

Ah, sería preferible morir. Pero yo sé que para mí no hay muerte.
Porque el dolor –¿y qué otra cosa soy más que dolor?– me ha hecho eterna.

AL PIE DE LA LETRA
(1959)

EPITAFIO DEL HIPÓCRITA

QUERÍA y no quería.
Quería con su piel y con sus uñas,
con lo que cambia y cae; negaba con sus vísceras,
con lo que de sus vísceras no era aserrín, con todo
lo que latía y sangraba en sus entrañas.

Quería ser él y el otro.
Siamés partido a la mitad, buscaba
la columna de hueso para asirse, colgar
su cartilaginosa consistencia de hiedra.
Mesón desocupado,
actor, daba hospedaje al agonista.
Gesticulaba viendo su sombra en las paredes,
deglutía palabras sin sabor, eructaba
resonando en su vasta oquedad de tambor.

Ensayaba ademanes
–heroico, noble, prócer–
para que al desbordarse la lava del elogio
lo cubriera cuajando después en una estatua.

No a solas ¡nunca a solas!
dijo el brindis final,
alzó la copa amarga de cicuta.

(Mas no bebió su muerte sino la del espejo).

DIÁLOGO DEL SABIO Y SU DISCÍPULO

—Cuando decimos «yo»
nos atamos al cuello una vocal redonda,
una cuerda de ahorcar; nos taladramos
la nariz con un aro como el que rige al buey;
nos ceñimos grillete de prisionero.

Círculo de exclusión, rómpelo, sáltalo.

Tus ojos son poliédricos como los de la avispa.
Cuando lo miras tú se quiebra el mundo.

Pero los cielos narran lo que saben:
«El tiempo no es la tenia que añade día a los días.
Su transcurrir continuo, su historia, es la de un río».
Y los del coro cantan:
«Aquí y allá; los cuatro
puntos; las dieciséis atmósferas; los siete

mares, los veinte climas,
lo numerable, en fin, es uno y único».

No estás solo y aparte.
Tú le dueles a Dios; el universo
se hace pequeño en ti; se hace ciego, borracho.
Y loco.

Algo te roban si una estrella cae.
Tu furia tiene hocico de tigre, tu memoria
cabeza de elefante y tu curiosidad
pescuezo de jirafa.
¿Dónde, para apuntar la flecha, está tu centro?
¿En quién te va a matar la muerte?
—En los que amo.

PIEDRA

La piedra no se mueve.
En su lugar exacto
permanece.
Su fealdad está allí, en medio del camino,
donde todos tropiecen
y es, como el corazón que no se entrega,
volumen de la muerte.

Sólo el que ve se goza con el orden
que la piedra sostiene.
Sólo en el ojo puro del que ve
su ser se justifica y resplandece.
Sólo la boca del que ve la alaba.

Ella no entiende nada. Y obedece.

LINAJE

HAY cierta raza de hombres
(ahora ya conozco a mis hermanos)
que llevan en el pecho como un agua desnuda
temblando.
Que tienen manos torpes
y todo se les quiebra entre las manos;
que no quieren mirar para no herir
y levantan sus actos
como una estatua de ángel amoroso
y repentinamente degollado.

Raza de la ternura funesta, de Abel
resucitado.

EL OTRO

¿Por qué decir nombres de dioses, astros,
espumas de un océano invisible,
polen de los jardines más remotos?
Si nos duele la vida, si cada día llega
desgarrando la entraña, si cada noche cae
convulsa, asesinada.
Si nos duele el dolor en alguien, en un hombre
al que no conocemos, pero está
presente a todas horas y es la víctima
y el enemigo y el amor y todo
lo que nos falta para ser enteros.
Nunca digas que es tuya la tiniebla,
no te bebas de un sorbo la alegría.
Mira a tu alrededor: Hay otro, siempre hay otro.
Lo que él respira es lo que a ti te asfixia,
lo que come es tu hambre.
Muere con la mitad más pura de tu muerte.

NOCTURNO

Me tendí, como el llano, para que aullara el viento.
Y fui una noche entera
ámbito de su furia y su lamento.

Ah, ¿quién conoce esclavitud igual
ni más terrible dueño?

En mi aridez, aquí, llevo la marca
de su pie sin regreso.

MONÓLOGO DE LA EXTRANJERA

VINE de lejos. Olvidé mi patria.
Ya no entiendo el idioma
que allá usan de moneda o de herramienta.
Alcancé la mudez mineral de la estatua.
Pues la pereza y el desprecio y algo
que no sé discernir me han defendido
de este lenguaje, de este terciopelo
pesado, recamado de joyas, con que el pueblo
donde vivo recubre sus harapos.

Esta tierra, lo mismo que la otra de mi infancia,
tiene aún en su rostro,
marcada a fuego y a injusticia y crimen,
su cicatriz de esclava.
Ay, de niña dormía bajo el arrullo ronco
de una paloma negra: una raza vencida.
Me escondía entre las sábanas

porque un gran animal
acechaba en la sombra, hambriento, y sin embargo
con la paciencia dura de la piedra.
Junto a él ¿qué es el mar o la desgracia
o el rayo del amor
o la alegría que nos aniquila?
Quiero decir, entonces,
que me fue necesario crecer pronto
(antes de que el amor me devorase)
y partir y poner la mano firme
sobre le timón y gobernar la vida.

Demasiado temprano
escupí en los lugares
que la plebe consagra para la reverencia.
Y entre la multitud yo era como el perro
que ofende con su sarna y su fornicación
y su ladrido inoportuno, en medio
del rito y la importante ceremonia.

Y bien. La juventud,
aunque grave, no fue mortal del todo.
Convalecí. Sané. Con pulso hábil

aprendí a sopesar el éxito, el prestigio,
el honor, la riqueza.
Tuve lo que el mediocre envidia, lo que los
triunfadores disputan y uno solo arrebata.
Lo tuve y fue como comer espuma,
como pasar la mano sobre el lomo del viento.

El orgullo supremo es la suprema
renunciación. No quise
ser el astro difunto
que absorbe luz prestada para vivificarse.
Sin nombre, sin recuerdos,
con una desnudez espectral, giro
en una breve órbita doméstica.

Pero aun así fermento
en la imaginación espesa de los otros.
Mi presencia ha traído
hasta esta soñolienta ciudad de tierra adentro
un aliento salino de aventura.

Mirándome, los hombres recuerdan que el destino
es el gran huracán que parte ramas

y abate firmes árboles
y establece en su imperio
–sobre la mezquindad de lo humano– la ley
despiadada del cosmos.

Me olfatean desde lejos las mujeres y sueñan
lo que las bestias de labor si huelen
la ráfaga brutal de la tormenta.
Cumplo también, delante del anciano,
un oficio pasivo;
el de suscitadora de leyendas.

Y cuando, a medianoche,
abro de par en par las ventanas, es para
que el desvelado, el que medita a muerte
y el que padece el lecho de sus remordimientos
y hasta el adolescente
(bajo de cuya sien arde la almohada)
interroguen lo oscuro en mi persona.

Basta. He callado más de lo que he dicho.
Tostó mi mano el sol de las alturas
y en el dedo que dicen aquí «del corazón»
tengo un anillo de oro con un sello grabado.

El anillo que sirve
para identificar a los cadáveres.

LÍVIDA LUZ
(1960)

EL DÍA INÚTIL

Me han traspasado el agua nocturna, los silencios
originarios, las primeras formas
de la vida, la lucha,
la escama destrozada, la sangre y el horror.
Y yo, que he sido red en las profundidades,
vuelvo a la superficie sin un pez.

DESTINO

MATAMOS lo que amamos. Lo demás
no ha estado vivo nunca.
Ninguno está tan cerca. A ningún otro hiere
un olvido, una ausencia, a veces menos.
Matamos lo que amamos. ¡Que cese ya esta asfixia
de respirar con un pulmón ajeno!
El aire no es bastante
para los dos. Y no basta la tierra
para los cuerpos juntos
y la ración de la esperanza es poca
y el dolor no se puede compartir.

El hombre es animal de soledades,
ciervo con una flecha en el ijar
que huye y se desangra.
Ah, pero el odio, su fijeza insomne

de pupilas de vidrio; su actitud
que es a la vez reposo y amenaza.

El ciervo va a beber y en el agua aparece
el reflejo de un tigre.

El ciervo bebe el agua y la imagen. Se vuelve
–antes que lo devoren– (cómplice, fascinado)
igual a su enemigo.

Damos la vida sólo a lo que odiamos.

EL DESPOJO

Me arrebataron la razón del mundo
y me dijeron: gasta tus años componiendo
este rompecabezas sin sentido.

No hay más. Un acto es una estatua rota.
Una palabra es sólo
la imagen deformada en un espejo.

¿Qué vas a amar? ¿Un cuerpo que se pudre
–ese pantano lento en que te ahogas–
o un alma que no existe?

¿Qué puedes esperar? El tiempo es lo continuo
y si dices «mañana» mientes, pues dices «hoy».

Ni siquiera se muere. Algo muy leve cambia
y sigues, dura, en piedra; creciendo en vegetal
y otra vez despertando en lo que eras.

Otra vez. Otra vez.

Me dijeron: no busques. Nada se te ha perdido.

Y los vi desde lejos
ocultar lo que roban y reír.

JORNADA DE LA SOLTERA

Da vergüenza estar sola. El día entero
arde un rubor terrible en su mejilla.
(Pero la otra mejilla está eclipsada).

La soltera se afana en quehacer de ceniza,
en labores sin mérito y sin fruto;
y a la hora en que los deudos se congregan
alrededor de fuego, del relato,
se escucha el alarido
de una mujer que grita en un páramo inmenso
en el que cada peña, cada tronco
carcomido de incendios, cada rama
retorcida, es un juez
o es un testigo sin misericordia.

De noche la soltera
se tiende sobre el lecho de agonía.

Brota un sudor de angustia a humedecer las sábanas
y el vacío se puebla
de diálogos y hombres inventados.

Y la soltera aguarda, aguarda, aguarda.

Y no puede nacer en su hijo, en sus entrañas,
y no puede morir
en su cuerpo remoto, inexplorado,
planeta que el astrónomo calcula,
que existe aunque no ha visto.

Asomada a un cristal opaco la soltera
–astro extinguido– pinta con un lápiz
en sus labios la sangre que no tiene.

Y sonríe ante un amanecer sin nadie.

CANCIÓN DE CUNA

¿Es grande el mundo? –Es grande. Del tamaño del
miedo.
¿Es largo el tiempo? –Es largo. Largo como el olvido.
¿Es profunda la mar? –Pregúntaselo al náufrago.

(El Tentador sonríe. Me acaricia el cabello
y me dice que duerma).

PRESENCIA

ALGÚN día lo sabré. Este cuerpo que ha sido
mi albergue, mi prisión, mi hospital, es mi tumba.

Esto que uní alrededor de un ansia,
de un dolor, de un recuerdo,
desertará buscando el agua, la hoja,
la espora original y aun lo inerte y la piedra.
Este nudo que fui (inextricable
de cólera, traiciones, esperanzas,
vislumbres repentinos, abandonos,
hambres, gritos de miedo y desamparo
y alegría fulgiendo en las tinieblas
y palabras y amor y amor y amores)
lo cortarán los años.

Nadie verá la destrucción. Ninguno
recogerá la página inconclusa.

Entre el puñado de actos
dispersos, aventados al azar, no habrá uno
al que pongan aparte como a perla preciosa.
Y sin embargo, hermano, amante, hijo,
amigo, antepasado,
no hay soledad, no hay muerte
aunque yo olvide y aunque yo me acabe.

Hombre, donde tú estás, donde tú vives
permanecemos todos.

MATERIA MEMORABLE
(1969)

SOBREMESA

Después de la comida aún se quedan
en torno de la mesa. Y allí fuman
su cigarro los hombres; las mujeres
siguen una labor paciente, cuyo origen
apenas se recuerda. Un negro café humea
en tazas a menudo requeridas.

Alguien corta las páginas de un libro
o recoge las migas de pan entre sus dedos
y la de más allá cuenta los meses
de su preñez, a la otra que ha criado ya a los hijos.

Se demora en venir la que alza el mantel
y pone en sus dobleces una rama de espliego.

Para su plenitud este instante no quiere
más que ser y pasar.

NOCTURNO

AMIGO, conversemos.
¿Desde hace cuántos años? Desde el día
en que a un tiempo rompimos la tiniebla
y con vagido entramos en el reino del aire;
desde que los mayores nos pusieron
la sal sobre la lengua
y nos soplaron al oído un nombre
(no de amor, de destino),
un nombre que repites todavía
y que repito yo y repetiremos
hasta el fin, hasta el fin, sin entenderlo
hemos estado juntos.
Espalda con espalda. El uno viendo
nacer el sol y el otro
posando su mejilla en el regazo
materno de la noche.

Atados mano contra mano y vueltos
–forcejeando por irnos–
uno hacia el sur, hacia el fragante verde,
y el otro a la hosquedad de los desiertos;
desgarrados; sangrando yo con la herida tuya
y tú quizá doliéndote
de no tener siquiera una pequeña brizna
de dolor que no sea también mío,
hemos sido gemelos y enemigos.

Nos partimos el mundo. Para ti
ese fragmento oscuro del espejo
en que sólo se ve la cara de la muerte;
los hierros, las espinas del sacrificio, el vaso
ritual y el cascabel violento de la danza.

Y para mí la túnica parda de la labor,
la escudilla de barro torneado con las manos
en que no cabe más que un sorbo de agua
y el sueño sin ensueños de la sierva.

Pero fuimos desleales al pacto. Tú acechabas
–lobo hambriento– el plantel y los rediles

y aullabas profecías intolerables
y hacías resucitar maldiciones y textos
rescatados de no sé qué catástrofe.

O incendiabas, de pronto, mi faena
con un enorme resplandor sagrado.
Y yo la hormiga. Yo
cosquilleando en tu brazo hasta abatirlo,
cada vez que querías alzarlo hasta los cielos.

Y yo, Marta, pasando la punta de los dedos
sobre el altar, para encontrar la huella
del polvo mal limpiado.

Y yo, la tos que rompe
la redondez entera de la bóveda
en el instante puro de la consagración.

Y yo en la fiesta. Párpados esquivos,
trenza apretada, labios sin sonrisa.
De espaldas a la música, con esa cicatriz
que el ceño del deber me ha marcado en la frente;
pronta a extinguir las lámparas, ansiosa

de despedir al huésped
porque en la soledad yo te escupía a la cara
el nombre de la culpa.

Ah, qué duelos a muerte.
Hasta el amanecer luchábamos y el día
nos encontraba aún confundidos en nudo
ciego de odio y de lágrimas.

Como el convaleciente, tambaleándonos,
nos poníamos de pie, lívidos y desnudos.
Y ni así, al contemplar nuestras llagas, subió
jamás a nuestra boca
una palabra de piedad, un gesto
en que se nos volviera perdón el sufrimiento.

Pero hoy me tiemblan tus rodillas; late
un pulso enloquecido entre mis sienes
y siento que el orgullo se nos va deshaciendo
como un sudor que escurre adentro de la médula.
Porque la noche es larga. Nada anuncia su término
y acaso
para nosotros dos ya no hay mañana.

Demos a la fatiga una tregua y hablemos.

Ayúdame a decir esa sílaba única
–tú, yo, ¡pero no dos, nunca más dos!–
cuya mitad posees.

NOTA ROJA

En página primera
viene, como a embestir, este retrato
y luego, a ocho columnas, la noticia:
asesinado misteriosamente.

Es tan fácil morir, basta tan poco.
Un golpe a medianoche, por la espalda,
y aquí está ya el cadáver
puesto entre las mandíbulas de un público antropófago.

Mastica lentamente el nombre, las señales,
los secretos guardados con años de silencio,
la lepra oculta, el vicio nunca harto.
Del asesino nadie sabe nada:
cara con antifaz, manos con guantes.

Pero este cuerpo abierto en canal, esta entraña
derramada en el suelo
hacen subir la fiebre
de cada Abel que mira su alrededor, temblando.

RECITAL

El poeta se arregla la corbata
y sube al escenario.
Carraspea un poco. Tiembla. Es natural.
Pero se sobrepone porque Apolo
le ha infundido el divino valor, lo ha emborrachado
de vaticinios y helo aquí, en el centro
de un gran espacio oscuro
¿y vacío? ¿Y vacío?

Esta interrogación
es como para recobrar la lucidez,
así que sin más trámites, profiere:

«Señoras y señores... El micrófono
funciona bien. ¿Se escucha? ¿Quién escucha?
¿Uno? ¿Varios? ¿Ninguno?
No me importa.

La sordera no es lo que hace al silencio.
Lo que hace al silencio es la mudez.
Y no quiero ser cómplice
de ese crimen contra la humanidad.
Porque sin la palabra nadie es el hombre, nada
distinto de la piedra. En el cosmos entero
un dios puso en sus labios el sello de exención.
Y el poeta es quien da voz a lo que no habla,
es el que…»
                    reflectores, de repente, se encienden
y el que declama mira a su auditorio.

Son seres que enarbolan como escudo
esa señal de tránsito que prohíbe los ruidos
en la proximidad de un hospital.
Están lisiados todos. El estruendo
les reventó los tímpanos.
El estruendo de la hélice; del motor en la fábrica;
de las sirenas de la policía;
el de la multitud en el box, en los toros;
el de la noche de los linchamientos;
el de las campanadas y los vivas
al conductor de masas;

el del anuncio del mejor producto;
el de la propaganda de la mejor política;
el del oro cayendo en cataratas
hasta las cajas de seguridad;
el de la bomba al estallar; el de
la jauría de perros amaestrados
para cazar a un paria fugitivo.

El poeta se quita la corbata
–pues no tiene corona de laurel–,
la pisotea, mientras maldice a Apolo
y, sobrio ya, desciende
y busca en la luneta algún sitio sin dueño.

Nadie lo mira. Nadie le regala
el cartelón. Ninguno le sonríe.
Pero el poeta se entrega
a las delicias del anonimato.
¡Oh, qué maravillosa sensación!
Se está tan bien así, confundido entre muchos,
rodeado de estruendos, protegido
por los estruendos y con la membrana
del tímpano ya a punto de estallar.

Ahora, canción inoportuna, prueba
a saltar la muralla.
¿Verdad que no se puede venir a perturbar
a los tranquilos? ¡Fuera!
Te arrojan con la música a otra parte.

No hay gemido de víctimas. No hay clamor de justicia.
No hay ulular de fieras.
¡Cómo, si es inaudible
aun el estruendo de la tempestad!
¿Murmullos? Ratonzuelos que roen la madera.
Nada importante. Nadie. Por fin estoy a salvo.

TOMA DE CONCIENCIA

A medianoche el centinela alerta
grita ¿quién vive? y alguien –yo, sí, yo,
no ese mudo de enfrente–
debía responder por sí, por otros.
Pero apenas despierto y además
ignoro el santo y seña de los que hablan.

Malhumorada, irónica, levantando los hombros
como a quien no le importa, yo digo que no sé
sino que sobrevivo
a mínimas tragedias cotidianas:
la uña que se rompe, la mancha en el mantel,
el hilo de la media que se va,
el globo que se escapa de las manos de mi hijo.

Contemplo esto y no muero. Y no porque sea fuerte
sino porque no entiendo si lo que pasa es grave,

irreversible, significativo,
ni si de un modo misterioso estoy
atrapada en la red de los sucesos.

Pero la verdad es que, aún soñolienta,
me levanto, me baño, canturreo
pensando en otras cosas.
Y luego desayuno,
tranquila, sobriamente, leyendo la noticia
del viejo avaro al que sus asesinos
buscaron las monedas que escondía
(a puñaladas) dentro de su entraña.

No, me palpo y no siento la herida. Todavía
soy una mujer sola.

Bebo el café y mi mano
no tiembla cuando doy vuelta a la página
y allí, en un arrozal remoto, agazapado,
tiritando de frío y de terror
de un enemigo que también se esconde
y que también tirita,
encuentro a un hombre que es distinto a mí

por el color, por el idioma, pero
igual en el relámpago que ilumina este instante
en que él y su adversario, y yo, que no los veo,
estamos juntos, somos uno solo
y en nosotros respira el universo.

Amor mío, que a veces vienes a visitarme
y me estrechas la mano
o simplemente miras con piedad que envejezco,
no te sientas más próximo que aquel del arrozal
o del que un día lejano
(ya ni siquiera puedo decir dónde)
me dio a beber un sorbo de agua fresca
en jornada de sed y de intemperie.

Porque soy algo más ahora, por fin lo sé,
que una persona, un cuerpo y la celda de un nombre.

Yo soy un ancho patio, una gran casa abierta:
yo soy una memoria.

Permaneces allí, imagen del que ha muerto,
rostro del que partió con la promesa
de volver, como flor entre los labios.

A mí, como a una hoguera en pleno campo,
se arriman en la noche los de mi tribu y otros
desconocidos y aun algunos animales
cuya inocencia guardo.

En medio de este corro de presencias
soy lo que soy: materia
que arde, que difunde calor y luz. Crepito
la respuesta gozosa: ¡viven todos!

CANCIÓN

Yo conocí una paloma
con las dos alas cortadas:
andaba torpe, sin cielo,
en la tierra, desterrada.

La tenía en mi regazo
y no supe darle nada.
Ni amor, ni piedad, ni el nudo
que pudiera estrangularla.

RETORNO

Has muerto tantas veces; nos hemos despedido
en cada muelle,
en cada andén de los desgarramientos,
amor mío, y regresas
con otra faz de flor recién abierta
que no te reconozco hasta que palpo
dentro de mí la antigua cicatriz
en la que deletreo arduamente tu nombre.

RECORDATORIO

OBEDECÍ, señores, las consignas.

Hice la reverencia de la entrada,
bailé los bailes de la adolescente
y me senté a aguardar el arribo del príncipe.

Se me acercaron unos con ese gesto astuto
y suficiente, del chalán de feria;
otros me sopesaron
para fijar el monto de mi dote
y alguien se fió del tacto de sus dedos
y así saber la urdimbre de mi entraña.

Hubo un intermediario entre mi cuerpo y yo,
un intérprete –Adán, que me dio el nombre
de mujer, que hoy ostento–
trazando en el espacio la figura
de un delta bifurcándose.

Ah, destino, destino.

He pagado el tributo de mi especie
pues di a la tierra, al mundo, esa criatura
en que se glorifica y se sustenta.

Es tiempo de acercarse a las orillas,
de volver a los patios interiores,
de apagar las antorchas
porque ya la tarea ha sido terminada.

Sin embargo, yo aún permanezco en mi sitio.

Señores, ¿no olvidasteis
dictar la orden de que me retire?

EN LA TIERRA DE EN MEDIO
(1969)

ELEGÍA

NUNCA, como a tu lado, fui de piedra.

Y yo que me soñaba nube, agua,
aire sobre la hoja,
fuego de mil cambiantes llamaradas,
sólo supe yacer,
pesar, que es lo que sabe hacer la piedra
alrededor del cuello del ahogado.

AJEDREZ

Porque éramos amigos y, a ratos, nos amábamos,
quizá para añadir otro interés
a los muchos que ya nos obligaban,
decidimos jugar juegos de inteligencia.

Pusimos un tablero enfrente de nosotros:
equitativo en piezas, en valores,
en posibilidad de movimientos.

Aprendimos las reglas, les juramos respeto
y empezó la partida.

Henos aquí hace un siglo, sentados, meditando
encarnizadamente
cómo dar el zarpazo último que aniquile
de modo inapelable, y para siempre, al otro.

DESAMOR

ME vio como se mira al través de un cristal
o del aire
o de nada.

Y entonces supe: yo no estaba allí
ni en ninguna otra parte
ni había estado nunca ni estaría.

Y fui como el que muere en la epidemia,
sin identificar, y es arrojado
a la fosa común.

LA NOSTALGIA

Si te digo que fui feliz, no es cierto.

No creas lo que yo creo cuando me engaño.

El recuerdo embellece lo que toca:
te quita la jaqueca que tuviste,
el sopor de la siesta lo transfigura en éxtasis
y, en cuanto a ese zapato que apretaba
tanto que te impidió bailar el primer baile,
no hubo zapato. Mira: estás descalza, danzas
eternamente ingrávida en el círculo
cerrado de un abrazo.

Danzas sin esa doble barbilla de tu gula,
sin esa arruga artera
que está acechando alrededor de tu ojo.

MEMORIAL DE TLATELOLCO

La oscuridad engendra la violencia,
y la violencia pide oscuridad
para cuajar en crimen.

Por eso el dos de octubre aguardó hasta la noche
para que nadie viera la mano que empuñaba
el arma, sino sólo su efecto de relámpago.

Y a esa luz, breve y lívida, ¿quién? ¿Quién es el que mata?
¿Quiénes los que agonizan, los que mueren?
¿Los que huyen sin zapatos?
¿Los que van a caer al pozo de una cárcel?
¿Los que se pudren en el hospital?
¿Los que se quedan mudos, para siempre, de espanto?

¿Quién? ¿Quiénes? Nadie. Al día siguiente, nadie.

La plaza amaneció barrida; los periódicos
dieron como noticia principal
el estado del tiempo.
Y en la televisión, en la radio, en el cine
no hubo ningún cambio de programa,
ningún anuncio intercalado ni un
minuto de silencio en el banquete.
(Pues prosiguió el banquete).

No busques lo que no hay: huellas, cadáveres,
que todo se le ha dado como ofrenda a una diosa:
a la Devoradora de Excrementos.

No hurgues en los archivos pues nada consta en actas.

Ay, la violencia pide oscuridad
porque la oscuridad engendra el sueño
y podemos dormir soñando que soñamos.

Mas he aquí que toco una llaga: es mi memoria.
Duele, luego es verdad. Sangra con sangre.
Y si la llamo mía, traiciono a todos.

Recuerdo, recordamos.

Esta es nuestra manera de ayudar a que amanezca
sobre tantas conciencias mancilladas,
sobre un texto iracundo, sobre una reja abierta,
sobre el rostro amparado tras la máscara.

Recuerdo, recordemos
hasta que la justicia se siente entre nosotros.

AUTORRETRATO

Yo soy una señora: tratamiento
arduo de conseguir, en mi caso, y más útil
para alternar con los demás que un título
extendido a mi nombre en cualquier academia.

Así pues, luzco mi trofeo y repito:
yo soy una señora. Gorda o flaca
según las posiciones de los astros,
los ciclos glandulares
y otros fenómenos que no comprendo.

Rubia, si elijo una peluca rubia.
O morena, según la alternativa.
(En realidad, mi pelo encanece, encanece).

Soy más o menos fea. Eso depende mucho
de la mano que aplica el maquillaje.

Mi apariencia ha cambiado a lo largo del tiempo
–aunque no tanto como dice Weininger
que cambia la apariencia del genio–. Soy mediocre.
Lo cual, por una parte, me exime de enemigos
y, por la otra, me da la devoción
de algún admirador y la amistad
de esos hombres que hablan por teléfono
y envían largas cartas de felicitación.
Que beben lentamente whisky sobre las rocas
y charlan de política y de literatura.

Amigas... hmmm... a veces, raras veces
y en muy pequeñas dosis.

En general, rehúyo los espejos.
Me dirían lo de siempre: que me visto muy mal
y que hago el ridículo
cuando pretendo coquetear con alguien.

Soy madre de Gabriel: ya usted sabe, ese niño
que un día se erigirá en juez inapelable
y que acaso, además, ejerza de verdugo.
Mientras tanto lo amo.

Escribo. Este poema. Y otros. Y otros.
Hablo desde una cátedra.
Colaboro en revistas de mi especialidad
y un día a la semana publico en un periódico.

Vivo enfrente del Bosque. Pero casi
nunca vuelvo los ojos para mirarlo. Y nunca
atravieso la calle que me separa de él
y paseo y respiro y acaricio
la corteza rugosa de los árboles.

Sé que es obligatorio escuchar música
pero la eludo con frecuencia. Sé
que es bueno ver pintura
pero no voy jamás a las exposiciones
ni al estreno teatral ni al cine-club.

Prefiero estar aquí, como ahora, leyendo
y, si apago la luz, pensando un rato
en musarañas y otros menesteres.

Sufro más bien por hábito, por herencia, por no
diferenciarme más de mis congéneres,
que por causas concretas.

Sería feliz si yo supiera cómo.
Es decir, si me hubieran enseñado los gestos,
los parlamentos, las decoraciones.

En cambio me enseñaron a llorar. Pero el llanto
es en mí un mecanismo descompuesto
y no lloro en la cámara mortuoria
ni en la ocasión sublime ni frente a la catástrofe.

Lloro cuando se quema el arroz o cuando pierdo
el último recibo del impuesto predial.

SE HABLA DE GABRIEL

COMO todos los huéspedes mi hijo me estorbaba
ocupando un lugar que era mi lugar,
existiendo a deshora,
haciéndome partir en dos cada bocado.

Fea, enferma, aburrida,
lo sentía crecer a mis expensas,
robarle su color a mi sangre, añadir
un peso y un volumen clandestinos
a mi modo de estar sobre la tierra.

Su cuerpo me pidió nacer, cederle el paso,
darle un sitio en el mundo,
la provisión de tiempo necesaria a su historia.

Consentí. Y por la herida en que partió, por esa
hemorragia de su desprendimiento

se fue también lo último que tuve
de soledad, de yo mirando tras de un vidrio.

Quedé abierta, ofrecida
a las visitaciones, al viento, a la presencia.

ECONOMÍA DOMÉSTICA

HE aquí la regla de oro, el secreto del orden:
tener un sitio para cada cosa
y tener
cada cosa en su sitio. Así arreglé mi casa.

Impecable anaquel el de los libros:
un apartado para las novelas,
otro para el ensayo
y la poesía en todo lo demás.

Si abres una alacena huele a espliego
y no confundirás los manteles de lino
con los que se usan cotidianamente.

Y hay también la vajilla de la gran ocasión
y la otra que se usa, se rompe, se repone
y nunca está completa.

La ropa en su cajón correspondiente
y los muebles guardando las distancias
y la composición que los hace armoniosos.

Naturalmente que la superficie
(de lo que sea) está pulida y limpia.
Y es también natural
que el polvo no se esconda en los rincones.

Pero hay algunas cosas
que provisionalmente coloqué aquí y allá
o que eché en el lugar de los trebejos.

Algunas cosas. Por ejemplo, un llanto
que no se lloró nunca;
una nostalgia de que me distraje,
un dolor, un dolor del que se borró el nombre,
un juramento no cumplido, un ansia
que se desvaneció como el perfume
de un frasco mal cerrado.

Y retazos de tiempo perdido en cualquier parte.

Esto me desazona. Siempre digo: mañana…
y luego olvido. Y muestro a las visitas,
orgullosa, una sala en la que resplandece
la regla de oro que me dio mi madre.

ENTREVISTA DE PRENSA

PREGUNTA el reportero, con la sagacidad
que le da la destreza de su oficio:
—¿Por qué y para qué escribe?

—Pero, señor, es obvio. Porque alguien
(cuando yo era pequeña)
dijo que gente como yo no existe.
Porque su cuerpo no proyecta sombra,
porque no arroja peso en la balanza,
porque su nombre es de los que se olvidan.
Y entonces... Pero no, no es tan sencillo.

Escribo porque yo, un día, adolescente,
me incliné ante un espejo y no había nadie.
¿Se da cuenta? El vacío. Y junto a mí los otros
chorreaban importancia.

No, no era envidia. Era algo más grave. Era otra cosa.
¿Comprende usted? Las únicas pasiones
lícitas a esa edad son metafísicas.
No me malinterprete.

Y luego, ya madura, descubrí
que la palabra tiene una virtud:
si es exacta es letal
como lo es un guante envenenado.

¿Quiere pasar a ver mi mausoleo?
¿Le gusta este cadáver? Pero si es nada más
una amistad inocua.
Y ésta una simpatía que no cuajó, y aquél
no es más que un feto. Un feto.

No me pregunte más. ¿Su clasificación?
En la tarjeta dice amor, felicidad,
lo que sea. No importa.

Nunca fue viable. Un feto en su frasco de alcohol.
Es decir, un poema
del libro del que usted hará el elogio.

VÁLIUM 10

A veces (y no trates
de restarle importancia
diciendo que no ocurre con frecuencia)
se te quiebra la vara con que mides,
se te extravía la brújula
y ya no entiendes nada.

El día se convierte en una sucesión
de hechos incoherentes, de funciones
que vas desempeñando por inercia y por hábito.

Y lo vives. Y dictas el oficio
a quienes corresponde. Y das la clase
lo mismo a los alumnos inscritos que al oyente.
Y en la noche redactas el texto que la imprenta
devorará mañana.
Y vigilas (oh, sólo por encima)

la marcha de la casa, la perfecta
coordinación de múltiples programas
–porque el hijo mayor ya viste de etiqueta
para ir de chambelán a un baile de quince años
y el menor quiere ser futbolista y el de en medio
tiene un póster del Che junto a su tocadiscos–.

Y repasas las cuentas del gasto y reflexionas,
junto a la cocinera, sobre el costo
de la vida y el ars magna combinatoria
del que surge el menú posible y cotidiano.

Y aún tienes voluntad para desmaquillarte
y ponerte la crema nutritiva y aún leer
algunas líneas antes de consumir la lámpara.

Y ya en la oscuridad, en el umbral del sueño,
echas de menos lo que se ha perdido:
el diamante de más precio, la carta
de marear, el libro
con cien preguntas básicas (y sus correspondientes
respuestas) para un diálogo
elemental siquiera con la Esfinge.

Y tienes la penosa sensación
de que en el crucigrama se deslizó una errata
que lo hace irresoluble.

Y deletreas el nombre del Caos. Y no puedes
dormir si no destapas
el frasco de pastillas y si no tragas una
en la que se condensa,
químicamente pura, la ordenación del mundo.

LECCIONES DE COSAS

Me enseñaron las cosas equivocadamente
los que enseñan las cosas:
los padres, el maestro, el sacerdote,
pues me dijeron: tienes que ser buena.

Basta ser bueno. Al bueno se le da
un dulce, una medalla, todo el amor, el cielo.

Y ser bueno es muy fácil. Basta abatir los párpados
para no ver y no juzgar lo que hacen
los otros, porque no es de tu incumbencia.

Basta no abrir los labios para no protestar
cuando alguno te empuje porque, o no quiso herirte
o no pudo evitarlo
o Dios está probando el temple de tu alma.

De cualquier modo, pues, cuando te ocurra el mal
hay que aceptarlo, agradecerlo incluso,
pero no devolverlo. Y no preguntes
por qué. Porque los buenos
no son inquisitivos.

Y dar. Si tienes una capa córtala
en dos y entrega la mitad al otro
–aunque el otro no sea más que un coleccionista
de mitades de capa–. Eso es asunto suyo
y tu mano derecha debe ignorar… etcétera.
Y recibir con ambas mejillas, eso sí.

No siempre serán golpes.

A veces será el ramo de flores que suscita
fiebre de heno. A veces el marisco
que te produce alergia.
A veces el elogio
que, si no es falso, humilla de raíz,
y que si es falso, ofende. Tú perdona,
que es lo que hacen los buenos.

Obedecía. Se sabe: la obediencia
es la virtud mayor.

Y pasaron los años
y yo era la piedra de tropiezo contra
la que chocaba el distraído o,
si mejor emplazada, punching bag
en el que ejercitaban su destreza los fuertes.

A veces me ponía a hacer «viva la flor»
con mis cartas del naipe y llovía la gracia
indiferentemente sobre de mis amigos
y los que eran amigos de mis amigos, es
decir, mis enemigos.

Y me senté a esperar la medalla o el dulce
y la sonrisa, el premio, por fin, en este mundo.

Y sólo vi desprecio por mi debilidad,
odio por haber sido el instrumento
de la maldad ajena.

¿Con qué derecho yo quería santificarme
utilizando vicios o carencias

de los demás? ¿Por qué yo me elegía
como única elegida
y era en el mecanismo como el grano de arena
que paraliza toda función? Y, paralíticos,
los activos, pensaban. Y yo era la causa
eficiente de aquellos pensamientos
y no había para mí sino condenación.

Hasta que comprendí. Y me hice un tornillo
bien aceitado con el cual la máquina
trabaja ya satisfactoriamente.

Un tornillo. No tengo
ningún nombre específico ni ningún atributo
según el cual poder calificarme
como mejor o peor o más o menos útil
que los otros tornillos.

Si tuviera que hacer mi apología
ante alguien (que no hay nadie, nunca hubo
ningún testigo de lo que acontece)
diría que estuve en mi lugar y que
giré en la dirección correcta y a la velocidad
requerida y con la frecuencia necesaria.

Y que no procuré ni que me reemplazaran
antes de tiempo, ni me permitieran
seguir cuando había sido declarada inservible.

Y, antes de terminar, quiero que quede
bien claro que no hice nada de lo que hice
por humildad. ¿Acaso los tornillos
son humildes? ¡Ridículo! Y que, menos aún,
mi conducta se entiende merced a la esperanza.

No, ya hace mucho tiempo que el cielo es un factor
que no entra en mis cálculos.

Conformidad, tal vez. Lo que de ningún modo
en un tornillo, como yo, es un mérito
sino, a lo sumo, es una condición.

OTROS POEMAS
(en POESÍA NO ERES TÚ)
(1972)

DE MUTILACIONES

Un día dices: La uña. ¿Qué es la uña?
Una excrecencia córnea
que es preciso cortar. Y te la cortas.

Y te cortas el pelo para estar a la moda
y no hay en ello merma ni dolor.

Otro día viene Shylock y te exige
una libra de carne, de tu carne,
para pagar la deuda que le debes.

Y después. Oh, después:
palabras que te extraen de la boca,
trepanación del cráneo
para extirpar ese tumor que crece
cuando piensas.

A la visita del recaudador
entregas, como ofrenda, tu parálisis.

Para tu muerte es excesivo un féretro
porque no conservaste nada tuyo
que no quepa en la cáscara de nuez.

Y epitafio ¿en qué lápida?
Ninguna es tan pequeña como para escribir
las letras que quedaron de tu nombre.

TELENOVELA

El sitio que dejó vacante Homero,
el centro que ocupaba Sherezada
(o antes de la invención del lenguaje, el lugar
en que se congregaba la gente de la tribu
para escuchar al fuego)
ahora está ocupado por la Gran Caja Idiota.

Los hermanos olvidan sus rencillas
y fraternizan en el mismo sofá; señora y sierva
declaran abolidas diferencias de clase
y ahora son algo más que iguales: cómplices.

La muchacha abandona
el balcón que le sirve de vitrina
para exhibir disponibilidades
y hasta el padre renuncia a la partida

de dominó y pospone
los otros vergonzantes merodeos nocturnos.

Porque aquí, en la pantalla, una enfermera
se enfrenta con la esposa frívola del doctor
y le dicta una cátedra
en que habla de moral profesional
y las interferencias de la vida privada.

Porque una viuda cose hasta perder la vista
para costear el baile de su hija quinceañera
que se avergüenza de ella y de su sacrificio
y la hace figurar como a una criada.

Porque una novia espera al que se fue;
porque una intrigante urde mentiras;
porque se falsifica un testamento;
porque una soltera da un mal paso
y no acierta a ocultar las consecuencias.

Pero también porque la debutante
ahuyenta a todos con su mal aliento.
Porque la lavandera entona una aleluya

en loor del poderoso detergente.
Porque el amor está garantizado
por un desodorante
y una marca especial de cigarrillos
y hay que brindar por él con alguna bebida
que nos hace felices y distintos.

Y hay que comprar, comprar, comprar, comprar.
Porque compra es sinónimo de orgasmo,
porque compra es igual que beatitud,
porque el que compra se hace semejante a los dioses.

No hay en ello herejía.
Porque en la concepción y en la creación el hombre
se usó como elemento la carencia.
Se hizo de él un ser menesteroso,
una criatura a la que le hace falta
lo grande y lo pequeño.

Y el secreto teológico, el murmullo
murmurado al oído del poeta,
la discusión del aula del filósofo
es ahora potestad del publicista.

Como dijimos antes, no hay nada malo en ello.
Se está siguiendo un orden natural
y recurriendo a su canal idóneo.
Cuando el programa acaba
la reunión se disuelve.
Cada uno va a su cuarto
mascullando un –apenas– «buenas noches».

Y duerme. Y tiene hermosos sueños prefabricados.

MEDITACIÓN EN EL UMBRAL

No, no es la solución
tirarse bajo un tren como la Ana de Tolstoi
ni apurar el arsénico de madame Bovary
ni aguardar en los páramos de Ávila la visita
del ángel con venablo
antes de liarse el manto a la cabeza
y comenzar a actuar.

Ni concluir las leyes geométricas contando
las vigas de la celda de castigo,
como lo hizo sor Juana. No es la solución
escribir, mientras llegan las visitas,
en la sala de estar de la familia Austen,
ni encerrarse en el ático
de alguna residencia de la Nueva Inglaterra
y soñar, con la Biblia de los Dickinson
debajo de una almohada de soltera.

Debe haber otro modo que no se llame Safo
ni Mesalina ni María Egipciaca
ni Magdalena ni Clemencia Isaura.

Otro modo de ser humano y libre.

Otro modo de ser.

KINSEY REPORT

I

—¿Si soy casada? Sí. Esto quiere decir
que se levantó un acta en alguna oficina
y se volvió amarilla con el tiempo
y que hubo ceremonia en una iglesia
con padrinos y todo. Y el banquete
y la semana entera en Acapulco.

No, ya no puedo usar mi vestido de boda.
He subido de peso con los hijos,
con las preocupaciones. Ya usted ve, no faltan.

Con frecuencia, que puedo predecir,
mi marido hace uso de sus derechos o,
como él gusta llamarlo, paga el débito
conyugal. Y me da la espalda. Y ronca.

Yo me resisto siempre. Por decoro.
Pero, siempre también, cedo. Por obediencia.

No, no me gusta nada.
De cualquier modo no debería de gustarme
porque yo soy decente ¡y él es tan material!

Además, me preocupa otro embarazo.
Y esos jadeos fuertes y el chirrido
de los resortes de la cama pueden
despertar a los niños que no duermen después
hasta la madrugada.

2

SOLTERA, sí. Pero no virgen. Tuve
un primo a los trece años.

Él de catorce y no sabíamos nada.
Me asusté mucho. Fui con un doctor
que me dio algo y no hubo consecuencias.

Ahora soy mecanógrafa y algunas veces salgo
a pasear con amigos.
Al cine y a cenar. Y terminamos
la noche en un motel. Mi mamá no se entera.

Al principio me daba vergüenza, me humillaba
que los hombres me vieran de ese modo
después. Que me negaran
el derecho a negarme cuando no tenía ganas
porque me habían fichado como puta.

Y ni siquiera cobro. Y ni siquiera
puedo tener caprichos en la cama.
Son todos unos tales. ¿Qué por qué lo hago?
Porque me siento sola. O me fastidio.

Porque ¿no lo ve usted? estoy envejeciendo.
Ya perdí la esperanza de casarme
y prefiero una que otra cicatriz
a tener la memoria como un cofre vacío.

3

DIVORCIADA. Porque era tan mula como todos.
Conozco a muchos más. Por eso es que comparo.

De cuando en cuando echo una cana al aire
para no convertirme en una histérica.

Pero tengo que dar el buen ejemplo
a mis hijas: no quiero que su suerte
se parezca a la mía.

4

TENGO ofrecida a Dios esta abstinencia,
¡por caridad, no entremos en detalles!

A veces sueño. A veces despierto derramándome
y me cuesta un trabajo decirle al confesor
que, otra vez, he caído porque la carne es flaca.

Ya dejé de ir al cine. La oscuridad ayuda
y la aglomeración en los elevadores.

Creyeron que me iba a volver loca
pero me está atendiendo un médico. Masajes.

Y me siento mejor.

5

A los indispensables (como ellos se creen)
los puede usted echar a la basura,
como hicimos nosotras.

Mi amiga y yo nos entendemos bien.
Y la que manda es tierna, como compensación;
así como también la que obedece
es coqueta y se toma sus revanchas.

Vamos a muchas fiestas, viajamos a menudo
y en el hotel pedimos
un solo cuarto y una sola cama.

Se burlan de nosotras pero también nosotras
nos burlamos de ellos y quedamos a mano.

Cuando nos aburramos de estar solas
alguna de las dos irá a agenciarse un hijo.

¡No, no de esa manera! En el laboratorio
de la inseminación artificial.

6

Señorita. Sí, insisto. Señorita

Soy joven. Dicen que no fea. Carácter
llevadero. Y un día
vendrá el Príncipe Azul, porque se lo he rogado
como un milagro a san Antonio. Entonces
vamos a ser felices. Enamorados siempre.

¡Qué importa la pobreza! Y si es borracho
lo quitaré del vicio. Si es un mujeriego
yo voy a mantenerme siempre tan atractiva,
tan atenta a sus gustos, tan buena ama de casa,
tan prolífica madre
y tan extraordinaria cocinera,
que se volverá fiel como premio a mis méritos,
entre los que el mayor es la paciencia.

Lo mismo que mis padres y los de mi marido
celebraremos nuestras bodas de oro
con gran misa solemne.

No, no he tenido novio. No, ninguno todavía. Mañana.

ADVERTENCIA AL QUE LLEGA

No me toques el brazo izquierdo. Duele
de tanta cicatriz.
Dicen que fue un intento de suicidio
pero yo no quería más que dormir
profunda, largamente, como duerme
la mujer que es feliz.

VIAJE REDONDO
(en POESÍA NO ERES TÚ)
(1972)

PASAPORTE

¿Mujer de ideas? No, nunca he tenido una.
Jamás repetí otras (por pudor o por fallas
nemotécnicas).
¿Mujer de acción? Tampoco.
Basta mirar la talla de mis pies y mis manos.

Mujer, pues, de palabra. No, de palabra no.
Pero sí de palabras,
muchas, contradictorias, ay, insignificantes,
sonido puro, vacuo cernido de arabescos,
juego de salón, chisme, espuma, olvido.

Pero si es necesaria una definición
para el papel de identidad, apunte
que soy mujer de buenas intenciones
y que he pavimentado
un camino directo y fácil al infierno.

MIRANDO A LA GIOCONDA

(En el Museo del Louvre, naturalmente)

¿Te ríes de mí? Haces bien.
Si yo fuera sor Juana
o la Malinche o, para no salirse del folclor,
alguna encarnación de la Güera Rodríguez
(como ves, los extremos, igual que a Gide, me tocan)
me verías, quizá, como se ve
al espécimen representativo
de algún sector social de un país del tercer mundo.

Pero soy solamente una imbécil turista de a cuartilla,
de las que acuden a la agencia de viajes para que
les inventen un tour. Y monolingüe
¡para colmo! que viene a contemplarte.

Y tú sonríes, misteriosamente
como es tu obligación. Pero yo te interpreto.
Esa sonrisa es burla. Burla de mí y de todos

los que creemos que creemos que
la cultura es un líquido que se bebe en su fuente,
un síntoma especial que se contrae
en ciertos sitios contagiosos, algo
que se adquiere por ósmosis.

LA VICTORIA DE SAMOTRACIA

Avanza como avanzan los felices:
ingrávida, ligera, no tanto por las alas
cuanto porque es acéfala.

Una cabeza es siempre algo que tiene un peso:
la estructura del cráneo que es ósea y el propósito
siempre de mantenerla erguida, alerta.
Y lo que adentro guarda.

PROPOSICIÓN DE LA BOA

(A las puertas de la tour d'Argent)

No comas nunca nada
que no seas capaz de digerir,
que no seas capaz de vomitar.

ÍNDICE

APUNTES PARA UNA DECLARACIÓN DE FE (1948)

TRAYECTORIA DEL POLVO (1948)

DE LA VIGILIA ESTÉRIL (1950)

EL RESCATE DEL MUNDO (1952)

POEMAS: 1953-1955 (1957)

AL PIE DE LA LETRA (1959)

LÍVIDA LUZ (1960)

MATERIA MEMORABLE (1969)

EN LA TIERRA DE EN MEDIO (1969)

OTROS POEMAS (en Poesía no eres tú) (1972)

VIAJE REDONDO (en Poesía no eres tú) (1972)

Esta *Antología poética* de Rosario Castellanos
terminó de imprimirse en los talleres de
la imprenta Kadmos de Salamanca
el día 26 de mayo de 2011